99%の小学生は
気づいていない!?

キミが主役(しゅやく)の勉強(べんきょう)

監修 井本陽久・土屋敦 著 光丘真理
画 コマツシンヤ

Z-KAI

「99%の小学生は気づいていない！？」
シリーズ発刊にあたって

未来を想像してみましょう。
遠い未来ではなく、10年後。
あなたは何歳になっていますか？　何をしていますか？
ずっと先のことで、みんな、まだまだ想像がつかない
かもしれません。
でも、0歳だったあなたが今のあなたになるまでと
同じくらいの時間。
その時間の中で、遊んで、学んで、考えて……。
いろいろな人に出会い、いろいろなことを経験していく。
今の、その一つ一つがあなたをつくりあげていく。
今の、その一つ一つがあなたを大きくしていく。

あなたの中にある力をどんどん伸ばしていけるように、
学校で学んだことをさらに一歩進めて考えていけるように、
今、伝えておきたい大切なことをぎゅっとまとめました。

未来を自信をもって生きていくために。
未来の世界を明るくしていくために。
この本が、あなたも想像していなかったような未来に
つながります！

もくじ

人物紹介

タイガ

思ったことをすぐに口に出す。「わかりません」と平気で言える。「不思議」を見つけると自然にからだが動いてしまう。

シホ

マイペースでまわりからは「不思議ちゃん」だと思われている。未確認生物ツチノコの存在を信じている。

カズ

学校での成績はいつもトップだけれど、塾では苦戦中。タイガとシホとは同じ団地で育ったおさななじみ。

プロローグ　変態しないイモムシくん

放課後の５年２組の教室。

ひとりの男の子がからだをゆらして、右に行ったり左に行ったり。うしろの壁のモーツァルトのポスターを見つめながら、教室を動きまわっています。

学校に来週演奏に来てくれる楽団のポスターは、モーツァルトの大きな似顔絵でした。今朝、先生がはってくれたものです。

「ねえねえ、タイガくんたら、またへんだよ」

「きょろきょろしたり、動きまわったり、ほんと落ち着きないよな」

タイガを見ながら、クラスメートがこそこそ言っています。

「ねえ、不思議不思議のシホちゃんも、またイモムシに向かってなにか話しているよ」

だれかが、窓べにいるシホを指さしました。

シホが飼育ケースの中に向かってひとりごとを言っています。

ケースの中には、葉っぱの上にイモムシが1匹。くねくねとからだをくねらせています。

このイモムシは、変態しないイモムシくん。ほかのイモムシは、どれもサナギになってやがてチョウになり飛び立っていったのに、いつまでたってもイモムシのままです。

こうしてのんびりと葉っぱを食べていますが、じつは、人間の言葉がわかるちょっと不思議なイモムシなのです。

「イモムシくん、今日の空にはキミのような雲がたくさんういているよ。ツチノコも、ほらね、どかーんとうかんでいるでしょ」

シホはうれしそうに話しかけています。

シホは、未確認生物のツチノコにあこがれています。鳥や虫、草花に出会うために自然の中を探索するのが好きなシホは、いつかツチノコとも会えるかも、と期待しているのです。

ろうか側の真ん中の席では、カズがノートをにらみつけてぶつぶつと言っています。

「なんだよ、この問題」

学校のテストならすらすら解けるし、先生からもほめられます。それなのに、塾の問題となると、そうはいかないのです。

　カズは、きのうの塾の宿題が解けなくて、イライラしていました。

「あの三人って、なんだかちょっとへん」

　クスクス笑いながら、だれかが言いました。

「ぜんぜんちがうタイプだけど、へんなところが似てるかも」

「同じ団地に住んで、おさななじみなんだって」

　こそこそが続きます。

　窓から西日がさしてきました。

「やば。もう帰らなくちゃ」

「おれたちはもう、帰ろう」

「帰ろ」

　みんなは、がやがやと教室を出ていきました。

　教室には、タイガとシホとカズの三人だけが残りました。

「もう！」

　カズが、自分の頭をくしゅくしゅっとして、ふとタイガのほうを見ました。

「タイガ、なにやってるの？」

　カズは、すわったまま聞きました。

　気がついたシホもよってきました。

「タイガ、モーツァルトが好きなの？」

　タイガは、ポスターから目をはなさずにタタタッと右のほうに行ったり、タタタタッと左に行ったりしながら答えました。

「この人ね、ぼくがどこに行っても、こっちを見てくるんだよ」

「あたりまえじゃん。こっちを見ている絵が描かれているんだから」

あきれたようにカズが言いました。

「やっぱ、こっち見てくるよ！　不思議だ、不思議だ」

タイガは夢中になっていて、カズの言うことは耳に入らないようです。教室のはしからはしへ動きまわって「不思議だ」と首をかしげるばかり。

「ほんと？」

シホもポスターを見ながら、教室のろうか側から窓側まで動いてみました。

「ほんとだ！　移動しているあいだも、あたしのことを目で追ってくるみたい」

「絵なんだから、そんなわけないじゃん」

カズが言うとシホは、

「じゃあ、カズも動いてみてよ」

と、返してきました。

シホに言われてカズもやってみると……。

（えっ!?）

「ね、ずっと見てくるでしょ。実際の人だったら目が合わなくなるのに」

「ポスターが平面だからそう見えるだけだよ」

「そりゃそうだけど……、でも」

　タイガはそう言いながら、動きまわり、首をひねるばかり。

「とにかく、ポスターが平面だからだよ！　おれ、塾に行かなくちゃ」

　カズはノートをリュックに入れると、ぷいっと、教室を出て行ってしまいました。

「なんで、怒ったの？」

　シホが目をぱちくりさせました。

「**不思議だ、不思議だ**」

　タイガは、ポスターを見ながらくり返しています。

どうしてポスターの絵が自分を見ているように見えるんだろう？

「まったく。タイガがへんなこと言うから、塾の問題に集中できなかった」

帰り道。カズは、ぷりぷりしながら歩いていました。

「だけど……、たしかにどこへ行っても見られているみたいだった。平面だと、なぜ、こっちを向いているように見えるんだろう？」

ふと、そう口にしてから、頭をぶんぶんとふりました。

「おれ、なに言ってんだ。とにかくいまは塾の成績上げないと！」

このあいだの塾のテストの結果ががくっと下がり、次でがんばらないと、下のクラスに落ちてしまうかもしれません。

（いまは一番上のクラスだけど、次のテストでまた悪い点取ったら……）

言いようのない不安がこみあげてきます。

「こんなにがんばっているのに、どうして塾の問題は解けないんだよ！」

石ころを思いきりけりあげました。

イモムシくんへ

タイガがモーツァルトのポスターを見て、「不思議だ、不思議だ」って言うから、あたしもやってみたら、本当にどこに行っても、こっちを見てくるんだよね。
どうしてなんだろう？
それからね、カズにそのことを言っただけなのに、おこって帰っちゃったのは、どうして？
帰り道、風が冷たかったよ。
イモムシくんも寒くないですか？

シホより

不思議に気づく

ポスターの中のモーツァルトがどこから見てもこっちを見ている。これと同じような場面って、ふだんの生活の中にもたくさん出てくるよね。街に行けば広告の中のアイドルが、教科書を開けば歴史上の人物が、テレビをつければ司会者が、どこから見てもこっちを見ている。でもそのことをだれも気にしたりしない。「だってあたりまえじゃん、カメラのほうを見て撮ったものなんだから」。

でもタイガはちがった。それを「不思議だ～」って思ったんだ。みんなが「あたりまえじゃん」ですましてしまうところを、タイガは「こっちを見ているように描いた絵だと、どうしてどこから見てもそう見えるの？」「どうして平面だとそう見えるの？」ってますます不思議に思ったんだ。ここがタイガのすごいところ。

不思議に思うからこそ「どうしてだろう？」って問いをもつことができ、問いをもつからこそ考えることができる。そして「あたりまえ」の中にこそ未知の真理が隠されている。**正しいことを知ることが勉強だってずっと教えられてきたかもしれないけど、問いをもつことができなければ正しいことを見つけることもできない。**そう考えるとニュートンが偉大だったのも、万有引力を発見したってことじゃなくて、りんごが木から落ちるのを見て、まずそれを「不思議だ～」って思えたことかもしれないね。　（イモニイこと井本陽久）

第1章

どうして紅葉するの？

～「なぜ？」「どうして？」は学びのはじまり～

「はい、この問題解いてね」

４時間目の算数の時間。先生が、黒板に問題を書きました。

「はい！」

窓の外を見ていたタイガがさっと手をあげたので、先生はタイガをさしました。

「どうして、秋になると、落ち葉がふってくるんですか？」

まったく関係ないことを聞いてきたので、クラスのみんながドっと笑いました。

「タイガくん、いまは集中してこの問題解いてね」

タイガは、それには答えないで、また外を見ています。

「できました」

カズがだれよりも先に手をあげて、答えました。

「正解」

　先生に言われて、カズは、得意な顔で、すとんとイスに腰かけました。

「さすが名門塾に通う人はちがいますね」

「天才くんにはかないません」

　ひそひそ話が聞こえてきました。

　タイガはあいかわらず、窓の外をながめています。

　終わりのチャイムが鳴りだしました。

お昼休み。

シホは、イモムシくんに葉っぱのベッドをこしらえてあげようと、校庭へやってきました。

イチョウの木の下では、カズがもたれかかって、塾の参考書を読んでいます。この次の塾のテストに出る理科の範囲を、くり返し読んで暗記しているのです。

（次のテストは、ぜったいに落とせないから）

どうしても、いまの一番上のクラスをキープしたいのです。

校庭には、いろいろな木が色づいています。黄色や赤色の落ち葉がかき集められて、色とりどりの山ができています。

「わあ、きれい！　イモムシくんに、虹色のベッドをつくってあげようっと！」

シホは夢中で落ち葉をひろいはじめました。

「やっほー！」

とつぜん、落ち葉の山にタイガがダイブしてきました。

「ふかふかだー」

タイガが気持ちよさそうにからだをゆらすと、落ち葉が舞ってひろがりました。

「タイガ、イモムシくんのベッドつくりたいから、じゃましないで」

シホに言われて起きあがったタイガは、ふと葉っぱを見て、首をかしげました。

「不思議ー！　どうして、葉っぱは、一枚一枚、赤とか黄色とかちがう色になるんだろう？」

　すると、それを聞いたカズが、顔をあげました。
「葉っぱのメカニズムがそうするんだよ。春や夏は効率よく光合成をするためにみどり色になるけど、秋になると、そのみどり色がぬけて、赤や黄になるだけなんだ」
　カズは、塾で習ったことをすらすらと説明しました。
「へえ！」
　タイガとシホは同時に声をあげました。
「だけどさ、赤になる木と黄色になる木があるのはなんでだ？」

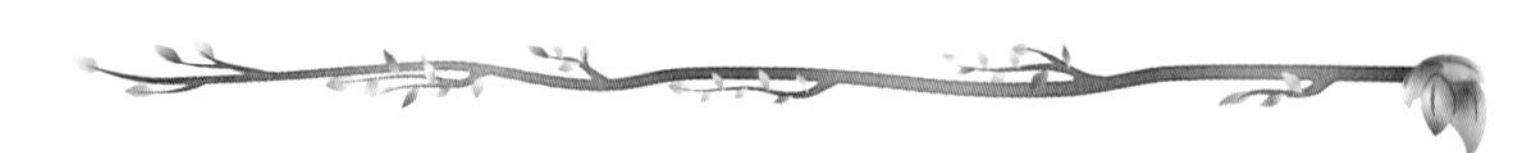

紅葉って黄色や赤だけかな？

　タイガが聞くと、シホが、ひらめいた！　という顔をしました。

「赤い葉っぱは、はずかしがりやなんだよ！」

　するとカズが、

「そんなわけないじゃん。モミジとかの葉が赤いのは、アントシアニンがつくられて葉っぱに糖をためるから」

「アンとシェア……？　何それ？　カズ、よく知っているねえ」

「カズって、すげぇー」

　タイガが感心してから、聞きました。

「そのアントなんとかがためた『とう』ってなに？」

「砂糖と同じあまい糖だよ」

「どうして、葉っぱに糖をためると色が変わって、落ちてくるの？」

「あたりまえじゃん。モミジは糖をためて赤くなると、落ち葉になるようになってるんだから」
「じゃあ、イチョウは、**どうして**黄色くなるの？」
「そ、それは……」
　カズはちょっと口ごもってから、
「そういうメカニズムになっているんだよ」
　カズの言い切るような説明に二人ともますます首をかしげました。
「だけどさ、一つの木でも、よく見るといろんな色の葉っぱがあるよね」
　タイガが木を見上げて言いました。
「それは……。場所によって、寒さとかでそうなるんだよ」
　カズは、だんだんイライラしてきました。
　そのとき、シホが一枚の葉っぱをひろいました。
「わっ、見て、きれい！　いろんな色がまざっている！」

みどり、黄色、だいだい、赤色などさまざまな色が入りまじった柿の葉っぱでした。

「イモムシくんのベッドにぴったり！」

はしゃいでいるシホの手元をのぞいたタイガが、つぶやきました。

「一枚の葉っぱにいろんな色があるのは、**どうして？　なんでだ？**」

カズは一瞬言いよどんだあと、言いはなちました。

「もともとこういう色なの！」

「もともとってどういう意味？　あとさ、同じ木なのに、落ちてくる葉っぱと、なかなか落ちてこない葉っぱがあるのは、**なんでだ？　不思議だ**」

　シホがまたひらめきました。

「なかなか落ちてこない葉っぱは、のんびりやさんなのよ」

「は？　ありえないし」

　カズは、さっさと教室へ帰っていきました。

「この木は早く冬眠したくて、こうして葉っぱを落としておふとんをしこうとしてるのかもね」

　シホは、一枚一枚の葉っぱをながめながら、ていねいにひろいあげていきます。

「**不思議だ、不思議だ**」

　タイガは、ひらひらと落ちてくる葉っぱを見ながら、木のまわりをぐるぐる歩いていました。

一枚の葉にいろいろな色があったり、同じ木で落ちてくる葉に時間差があったりするのはどうしてだろう？ほかにも、紅葉で不思議なことはあるかな？

教室に帰ってきたカズは、急いで塾のノートを開きました。

「落ち葉は……、日照時間が短くなり、葉自体の老化も進み……」

紅葉の箇所を見返しています。わかるようでわかりにくいので、何度も読み返します。

（たしかに**どうして**、同じ葉でも色がちがったりするんだろう？　あの柿の葉みたいに、一枚の葉っぱにいろいろな色があるのは**なぜ？**……、落ちる葉となかなか落ちない葉があるのは、**どうして？**……）

答えをさがすために、ノートや塾の教科書をさがしまくります。

５時間目のはじまりのチャイムが鳴って、はっとしました。

「やばっ。授業の準備しないと」

あわてて、ノートをしまいこみました。

イモムシくんへ

虹色の葉っぱのベッドは、気にいりましたか？
ふかふかでしょう。あったかい？
こんなふうに、一枚の葉っぱにいろいろな色がある
のって、不思議だね。
紅葉がおきるのは、カズが「アントシアなんとか」
が関係あるっていっていたけど、それこそ魔法の粉
をふりかけたみたいだよね。
タイガが「同じ木なのに、落ちてくる葉っぱと、な
かなか落ちてこない葉っぱがあるのは、なんでだ？
不思議だ」と言っていたけど、どうしてなんだろう？
不思議がいっぱいだね。
冬眠したがった木が落ち葉をおふとんにしようとし
たんだと、あたしは思うの。イモムシくんもベッド
でゆっくり休んでね。

シホより

感じることから問いが生まれる

秋に木々の葉が落ちるころ、モミジの葉は何色になるでしょうか？

赤？　テストの問題だったら、そう解答すれば、〇をもらえるでしょう。

でも、モミジの葉を赤というシンプルな言葉で表現してしまうのはとても惜しい気がします。ぜひ、秋が深まったら本物のモミジの葉を見てみてください。「赤」なんて雑な言葉で表現するのがもうしわけないような、深みのある、とても複雑な色をしています。そして一枚一枚が少しずつちがいます。ちがうのには理由があるんです。つまり「赤」という言葉でひとくくりにしてしまったら、見えなくなってしまうものがあるんですね。

モミジの葉を見れば見るほど、その複雑さに感動してしまいます。もし本物のモミジの葉を描こうとしたら、「赤」の絵の具だけではぜったいむりです。たくさんの絵の具をぬり重ねれば、やっと似たような色が再現できるかもしれませんね。

こわいのは、モミジの葉は秋に赤くなると知識として覚えてしまうことです。そんな浅い知識のせいで、実際の自然をちゃんと見ることができなくなってしまうからです。知識に頼ってしまうと、感じる力を使わなくなり、複雑なモミジの葉の色を、ただ単純に「赤」だと考えるようになってしまいます。いま目の前にしているのが、本当は複雑で美しく、世界にたった１つしか存在しない色かもしれないのに、それに気がつかなくなってしまうのです。

目の前にあるものをありのままに見て、感じ取ることができたとき、自分の中から自然に問いが生まれてきます。まずはたった一人で自然に向きあって、五感ぜんぶで自然を感じてみましょう。自然の美しさと不思議さがからだの中に入ってきて、たくさんの「なぜ？」がわきあがってくるはずです。そんな「なぜ？」を大切にもちつづけてください。もっている「なぜ？」が多ければ多いほど、世界は美しく見えるはずです。

（ツッチーこと土屋 敦）

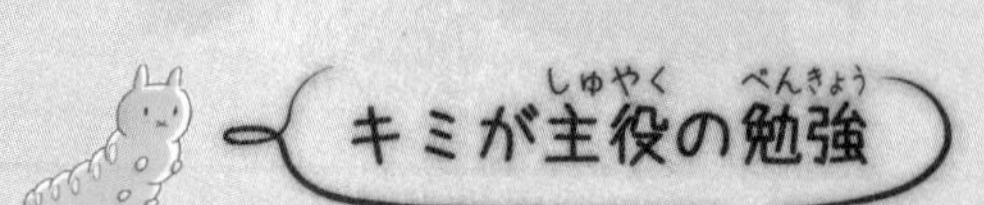

キミが主役の勉強

- 答えを知ることよりも、自分なりに考えることに意味がある
- 目の前のことをありのままに見て、聞いて、感じ取れば自然に問いはあふれてくる
- 「なぜ？」「どうして？」は学びの原動力

第2章

立体は何面体？

～まちがわなければ気づかない～

放課後の教室。

タイガ、シホ、カズの三人は、まだ教室に残っていました。

「イモムシくん、こんなおうちはどう？」

シホはイモムシくんの家をデザインして、絵を描いています。テントのようなかたちに、色とりどりの葉っぱのもようがいっぱいです。

タイガは、また、モーツァルトのポスターを見ながら、教室中を移動して、頭をかしげています。

鼻歌まじりでさっさと宿題をおわらせたカズは、塾の問題集をひろげました。ひさしぶりに気持ちが軽やかです。

塾のテストでいい結果が出たので、クラスも下がりませんでした。塾の先生からもほめられて、気分よくぐっすり眠ることができました。

「ね、タイガ、シホ。この問題わかる？」

カズが問題集をひろげて、二人に聞いてきました。

「塾の宿題で出されたんだけどね。実はこれってアメリカの大学入試で出された問題なんだ」

にやにやしながら、二人に見せました。

問題の中には、２つの立体が描かれています。

㋐と㋑の図形の斜線部分をぴったり重ね合わせて１つの立体にすると、その立体の面はいくつになりますか。

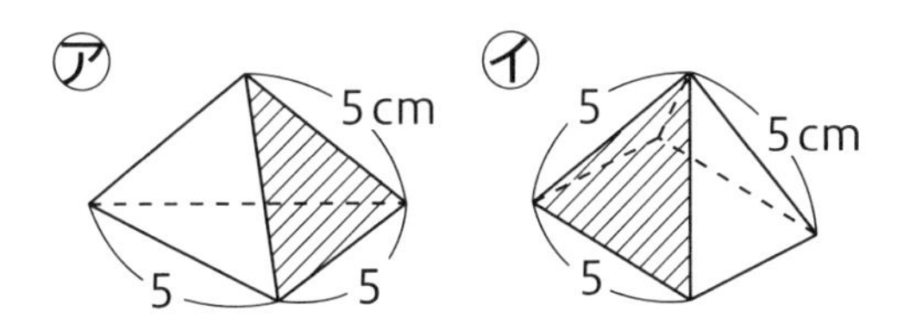

「２つの立体の、㋐と㋑の図形の斜線部分をぴったり重ね合わせると、できあがった立体の面はいくつになるでしょう？」

「えーっと、いち、にい……」

　シホは、図の面を数えはじめました。

　問題をのぞきこんで、はてな？　という顔をしたタイガ。

「よくわかんないなあ……」

　図形を見たり、天井を見上げたりして、図をイメージしているようですが、合体したかたちがうかんでこないようです。

「つくってみようっと」

　タイガは、紙とえんぴつと定規を取りだすと、１辺が５センチメートルの正三角形や四角形を描きはじめています。

「ヒントちょうだい」

と、シホに言われて、カズは図をさしながら、

「この２つの立体の面はいくつ？」

と、聞きました。

「４と５。あっ、わかった、４＋５で９だ！」

シホが答えると、カズはちがうというように頭を横にふりました。

「はりあわせることによって、なくなる面が出てくるでしょ」

「そうか……。じゃあ、１つ消えて、８だ！」

また、カズは頭をふりました。

　横の席で、タイガは描いた図をハサミで切りだしています。

「今日さ、塾で答え合わせするんだけど、おれは解けちゃったんだよね。消える面は本当に１つだけ？」

「あ、２つだ！　ってことは、７！」

「正解！」

　カズはうれしそうに、ノートに式を書きはじめました。

「つまり、こういうこと！」

　　５＋４－２＝７

「はりつける面が２つなくなるから、７面というわけ！」

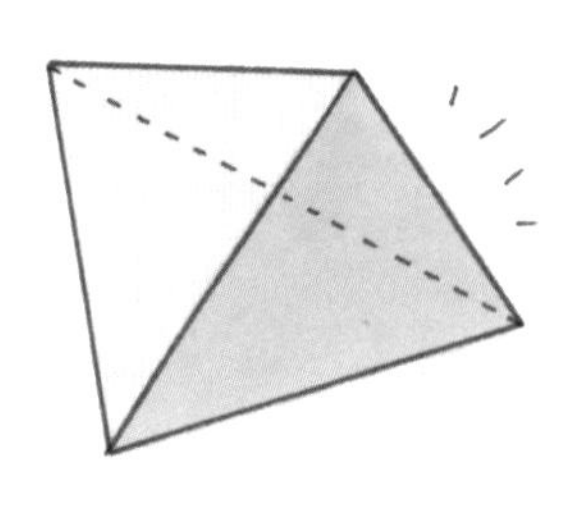
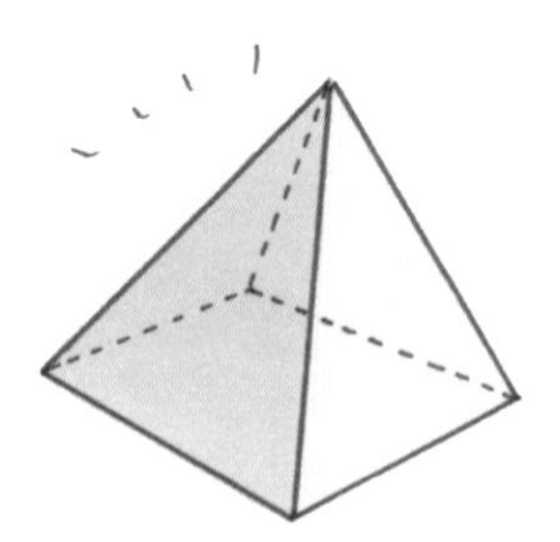

「なるほどー！　さすが、カズ」

　シホが感心しているそばで、タイガは、切った図形をテープではりあわせています。

　４つの面の正三角形の立体をつくりおえると、もう１つの立体もつくって、

「ピラミッド型も完成！」

　できあがった２つの模型を、つくえにならべました。

「へえ、うまいねえ。タイガって、幼稚園のころからものをつくることが得意だったよね」

　シホが感心しています。

タイガが２つの立体を合わせてみると……。

「さん、しい……。あれ？」

タイガが大きな声をあげました。

「７じゃない!!」

「まさか。だって、さっきちゃんと論理的に説明したじゃん」

言いながら、カズがのぞきこみます。

「ほんとだ……」

カズは、ただただおどろくしかありませんでした。

７面じゃないとすると、立体の面はいくつかな？　まずは頭の中で考えてみよう。

塾へ行く途中の道。いつもなら足どりが重いカズですが、なんだか今日はそうでもないのです。

自分がまちがえて、タイガが正解を見つけたのに、ちっともイライラしませんでした。

「ぜったい合ってると思ってたのに……想像もしなかったな……」

イモムシくんへ

カズがね、アメリカの大学で出た問題を教えてくれてね、答えはぜったい7だと思ったのにね……。タイガが、リアルな模型をつくってくっつけてみると……、なんと、7面じゃなかった！

つくってみたから、わかったんだよ。すごくない！

そのおもしろいかたちに葉っぱをはって、イモムシくんのテントにしてあげたいなあ。

シホより

「論理的に正しい」を疑う

頭の中で考えてください。

正三角形と正方形を頭の中で上下にならべてください。正三角形と正方形の1辺の長さは同じです。次に正三角形の1つの辺と正方形の1つの辺をぴったり重ねてください。さて、できあがった図形は何角形ですか？

そうです、五角形ですね。きっとできあがった図形を頭の中でイメージして、辺の数を1、2……と数えて正解したと思います。イメージできることは考えやすいですね。

でもこの章で出てきたアメリカの大学入試問題では、2つの立体を組み合わせてできた立体をイメージできる人はほとんどいないと思います。では、イメージできないから何面体になるのかを考えることができないかというと、そうではありません。

カズは４面体と５面体で１つの立体をつくるときに、重ね合わせた２面分が消えてしまうので、４＋５－２＝７面体と求めました。これを、「**論理的な説明**」といいます。論理的な説明は強力な武器となります。個人的な感想や感覚とちがってみんなが共通して納得していることをもとにした説明なので、その結果に関してもみんなを信じこませることができるのです。

でもそうであるからこそ、もしその論理に「穴」があって、それにだれも気づかなかったら、とんでもなくあぶないことになりますね。そのまちがった結果をみんなが信じこんでしまうわけですから。そして実際に「７面体ではなかった」のです。アメリカの大学入試でも７面体が正解のつもりで出題していたのです。

科学的に正しいと証明されたどんなことも、もしかすると「穴」があるかもしれない、という可能性を否定することはできません。時代時代でその「穴」を見つけて科学は発展してきましたし、これからもそうでしょう。**ここで大事なことは、まちがわない、ということではなく、まちがい**

から学ぶことです。実際にみなさんは、７面体でない、と知って「どうしてちがうの？」とこの論理的な説明の「穴」を必死で見いだそうとしたと思います。

人はうまくいっているあいだは、自分のやり方を見つめ直そうとはしません。失敗して初めて自分の中で無意識に思いこんでいたことがないか、さがしだそうとします。ですから、むしろたくさんまちがったほうがいい。そのおかげで「どうして？」と自分の中の思いこみを見つけだす機会をもらえるのですから。

（イモニイこと井本陽久）

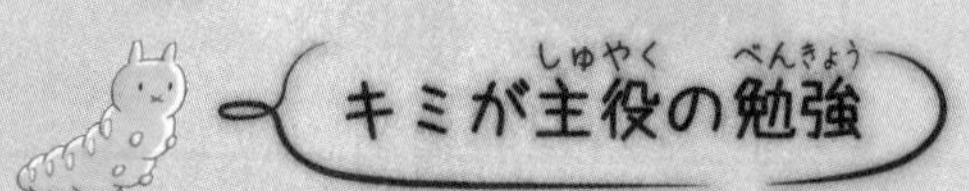

- まちがえてもいいから自分のやり方でやってみる
- 自分のやり方でまちがえるからびっくりできる
- びっくりするから自分と向きあえる。向きあえるからさらに深く考えられる
- 頭で考えたことをそれで終わりにせずに実際にたしかめてみる

第3章

サイコロをつくるには？

～試行錯誤はおもしろい～

まもなく冬休みです。

街の商店街は、クリスマスセールやイルミネーションでにぎわっています。

「クリスマスもお正月も、おれには関係ないし」

カズは塾に向かう道でつぶやきました。

お正月明けの塾のテストでがんばらないと、志望校のランクを下げなくてはならないかも。そんなのぜったいいやなのです。

冬休みもほとんど、塾通い。まだまだ覚えることがたくさんあるので、遊んでいるひまはありません。

そんな中、ちょっとだけ楽しみなのは、冬休み直前にある、クラスのお楽しみ会です。グループごとに係を決めて準備をしています。

「だけど、サイコロづくりには、おどろいたなあ」

カズは、タイガとシホといっしょにつくったサイコロのことを思いだしていました。

きのうの学級会でのことです。

クラスのお楽しみ会では、すごろくをすることになりました。

自分たちでつくるオリジナルのすごろくで、タイガ、シホ、カズの三人は、サイコロをつくる係です。

タイガとシホは、同じ大きさの正方形を６つつくり、切り取ってセロハンテープでべたべたはりつけています。

それを見ていたカズは、ちょっと得意そうに言いました。

「そんなふうにしなくても、サイコロって、ひと続きの紙からつくれるんだよ」

カズは、正方形を十字架のようなかたちに６つつなげました。

「展開図だよ」

「ああ、たしかに４年生のとき習ったね、展開図」

そう答えたのはシホですが、「展開図？」とタイガは首をかしげました。

「そう、これは、サイコロになる展開図だよ。つまり、展開図を描けばいいわけで、楽勝楽勝」

カズが、そのほか３つの展開図を描いて、はっとひらめいたように、最後にもう１つ描きたしました。

そしてそれぞれに、(ア)(イ)(ウ)(エ)(オ) と記号をつけました。

カズは、にやりとしながら、二人(ふたり)に聞(き)きます。

「この中(なか)で、サイコロにならないものがあるけど、

どれだかわかる？」

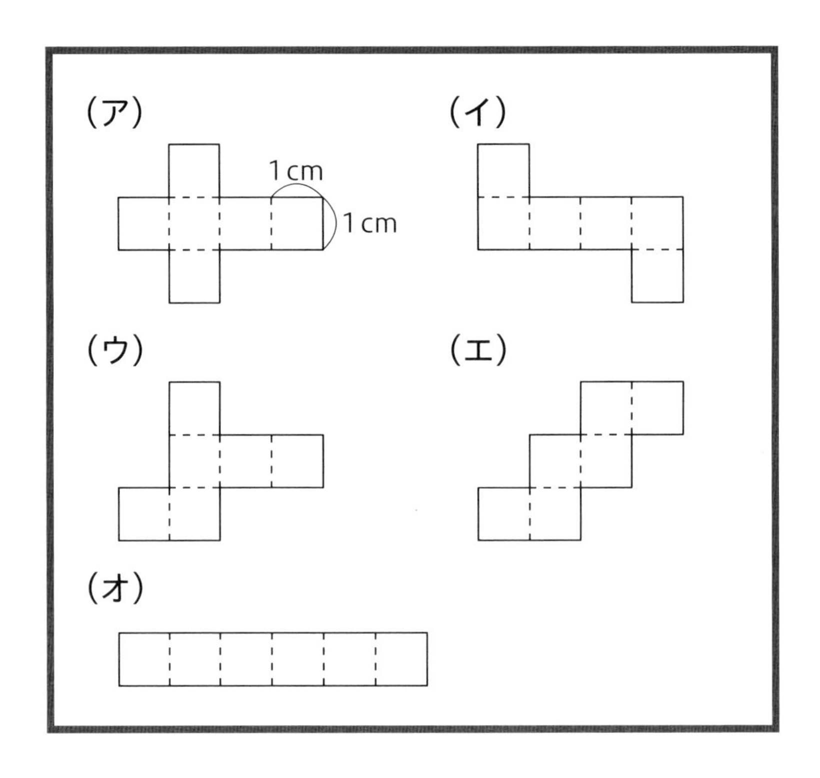

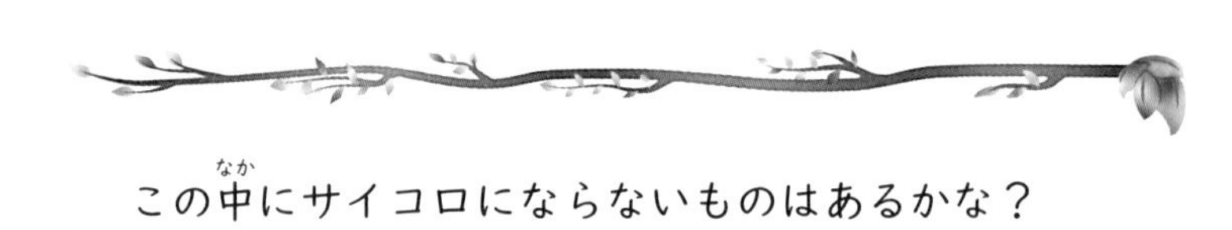

この中(なか)にサイコロにならないものはあるかな？

カズの問いに、シホとタイガは５通りの図をのぞきこみます。

タイガが「んー」と考えこんでいる横で、シホが答えました。

「(オ) はできないんじゃないかな。まっすぐつながっているだけだと、立方体にならない気がする」

「正解！　まっすぐなものを折っても、上の面と下の面がつくれないもんね」

カズは得意顔で言いました。

シホはうなずきましたが、タイガはまだ「んー？」と、顔をしかめて、

「(オ) からは本当につくれないかなあ？」

タイガの言葉に、カズは返します。

「だったらさ、実際につくってみたら？　そしたらおれの言ってることがわかると思うよ」

「んー……。もうちょっと長くすればいけるよう

な気がするんだけどなあ」

タイガはそう言うと、正方形をまっすぐにいくつもつなげて描いて切りとりました。

「ちなみに、立方体の展開図は何種類くらいあると思う？」

カズに聞かれて、シホは

「この４つ以外にもあるの？」

と聞きかえすと、

「全部で11種類もあるんだ」

「へえ、そんなにあるんだ」

タイガの耳には二人の会話は入らないようで、夢中で折り曲げたり、何度もやり直したりしています。折ってはもどして、また折ってはもどして……。

「できた！」

　タイガの手のひらの上には、ちゃんとサイコロがのっています。

「タイガ、すごい！」

　のぞきこむシホをおしのけるように、

「ちょっ、ちょっと、見せて」

と、カズはサイコロを手にとり、目をまるくしました。たしかに、８マスの紙から立方体ができています。

「こんなやりかたがあったのか……」

「ねえねえ、タイガ、どうやってつくったの？」

　シホに聞かれて、タイガは、もう一度一枚の紙にもどして、二人に見せました。

「１マス目と２マス目、３マス目、４マス目と、こうして折っていくでしょ」

じっさいに折ってくれているので、シホも同じように折りはじめました。

「５マス目はね、こうななめに折ったの」

カズは、タイガの手元を感心しながらじっと見ています。

「で、１マス目とこう重ねて、６、７、８マス目をかぶせるようにすると……」

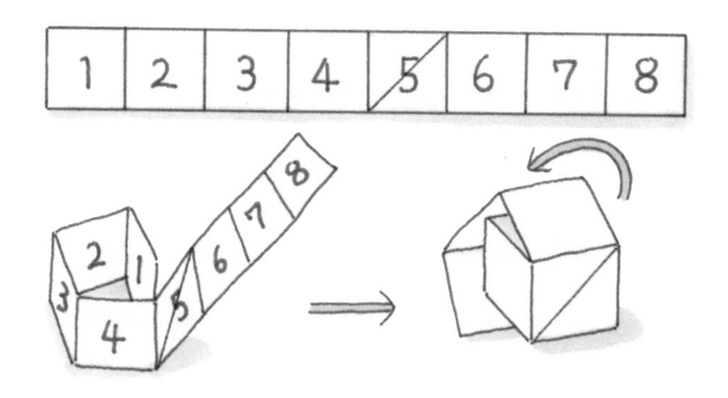

「できた！」

まねして折っていたシホが、声をあげました。

「もっと少ないマスでもできちゃったりして」

タイガがにこにこすると、カズものってきました。

三人は、それぞれ、７マスで細長い図を描くと、自分で切りはじめました。

切ったものを、折ったり曲げたりしてみます。

三人ともひとこともしゃべらないで、いろいろな方向に折ってみることに夢中です。

「６マスでもできた」

タイガがにやにやしながら見せてきました。

「え!?」

二人がびっくりしてのぞくと……。

「ハサミで、こうしてぎりぎりまで切るとね、できるんだ」

「なーんだ、ズルじゃん」

シホは笑いましたが、カズは、またすぐに７マスでのサイコロづくりにもどっています。

窓の外、夕焼け空がひろがってきました。

「ぜんぜんできない。７マスじゃ、できそうもないね」

シホが言うとタイガも、

「ほんとむりかも。これだけ考えたんだから」

「だよねえ」

言い合う二人をよそに、カズはまだあれこれ曲げたり折ったりをくり返しています。

カズのほっぺたに、オレンジ色の陽がさしこんでいます。

「できた！」

カズが、完成したサイコロを高く上げました。

「すごい！」

「すげー、カズ！　７マスでもできた！」

「ぼくも、つくってみたい！」

「やってみたい！」

タイガとシホも挑戦(ちょうせん)します。

「ここを、折(お)り曲(ま)げて……」

何度(なんど)もやっていくうちに、

「できた！」

「できた！」

あれだけ考(かんが)えてもできなかったのに、タイガもシホも立(た)てつづけにできました。

７マスでつくったサイコロを、三人(さんにん)で高(たか)く上(あ)げました。

西日(にしび)がさして、３個(こ)ともオレンジ色(いろ)にそまっています。

７マスの紙(かみ)でどうやったらサイコロができるんだろう？

イモムシくんへ

きょうね、サイコロづくりしたんだけどね、カズの描いた６マスの展開図だけでなく、８マスの電車みたいな図からタイガがつくったの。

そしたら、もっとへらしてできないかなあって、７マスにみんなでちょうせん。でもすごくむずかしかったよ。

カズって、すごいんだよ。なんどもやり直して、ついに完成させたの！

そしてなんとなんと、あたしもタイガもそのあと完成させたんだよ！

イモムシくんが旅する絵のすごろくをつくって、そのサイコロであそぼうね。

ゴールは、「イモムシくんが変態してツチノコになる！」って、どうですか？

シホより

たくさんまちがうからたくさん学べる

授業中、きっとタイガは毎日のように先生にしかられていることでしょう。だって先生が一生懸命に教えてくれても、そのまま右の耳から左の耳へ。ことごとく人の言うことは聞かずに自分の思うようにやってしまうでしょうから。でもじつは学びにおいて、それはまちがったことでもないんです。

まじめな人ほど、教えられたことを身につけよう、と思うかもしれませんが、学びってそう単純ではないんです。**教えられたことって、自分の中で正解になってしまうので、いざというときにかえって自由な発想をうばってしまうのです。**

サイコロをつくるときのカズがそうでした。カズは「展開図」について習っていたので、彼にとって(オ)が立方体の展開図にはならないことは明らかでした。それなのに、「展開図」なんて覚えてもいないタイガはその(オ)からつくってしまった。そうです。カズは「展開図」という知識をたよりにしたばかりに、それ以外の方法でサイコロをつくる発想を自ら気づかぬうちに封じてしまっていたのです。

一方タイガは、知識もなにもないからこそ最後まで「つくれるかもしれない」と思い、自分の頭だけをたよりに、ああでもないこうでもないと何度も失敗をくり返した末に、みごとサイコロをつくりあげたのです。

でもそのあとのカズがすごかった。タイガが８マスでサイコロをつくったあと、それより少ないマスでのサイコロづくりに三人は挑みましたが、タイガもシホも「７マス以下ではできそうもないね」とあきらめても、カズは決してあきらめず、ついに７マスでつくる方法を見つけました。このことのなにがすごいのか、わかりますか？

ずっとだれもできなかったことを、ある人ができたとたんに、次々とほかにもできる人があらわれるということはよくあります。実際カズが７マスでつくる方法を見つけると、立てつづけにタイガもシホもその方法を見つけることができました。それは二人とももう「あるとわかって」さがすことができたからです。一方カズは、「答え」があるのかどうかわからない状況でも、「できないのかもしれないな」と思いたくなる誘惑にも負けずに、「あると信じて」さがしつづけたのです。**一番初めに発見することは、それ以降に発見することより、くらべものにならないくらい難しいことなのです。**「答え」があるかどうかわからないことに挑み、一生をそれにささげ、見つけられないまま生涯を閉じた人もたくさんいます。まわりの人の目には、単なる「変人」に映っていたのかもしれません。でもそういう「変人」だからこそたどりつけるものがあるのです。

（イモニイこと井本陽久）

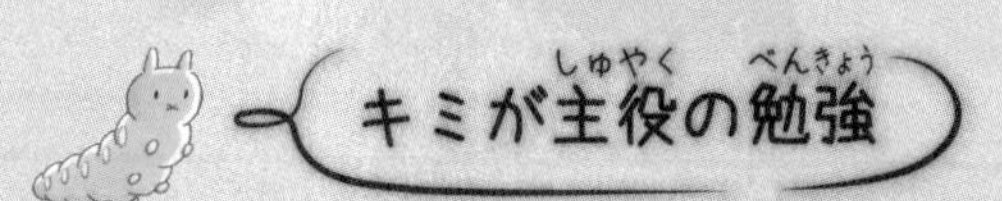

キミが主役の勉強

- 答えがあるかどうかわからないものに挑戦してみる
- 自分のやり方でやってみるからおもしろい
- おもしろいから何度失敗してもあきらめない

第4章

知らないことって、わくわくする

～学びは自分の中にある～

冬休みがもうすぐ終わりの日曜日。

団地の子ども会で、カズとタイガとシホたちは、さとやま村にハイキングにやってきました。

カズもひさしぶりに塾が休みで、お父さんからカメラを借りて参加です。

「ヤッホー、さとやま村のみんなー、こんにちはー」

山のふもとで、シホが手をふったときです。

ツピッピツツツ ―― ！

甲高い声がしたと思ったら、１羽の鳥がおりたってきました。

胸からおなかがあざやかな黄色の美しい鳥です。

「えーっと、あの鳥は……」

カズは、図鑑の鳥の名前を思いだしました。

「キセキレイだ」

シホがそーっと近づいていくと、その鳥は、おしりをふりふりとゆらしました。まるでおどっているようです。

「歓迎のダンスをしてくれてるのね。ありがとう」

シホがにっこりすると、ふりふりしながら、山道をとことこ。ちょっとずつ坂をのぼっていくようです。

「こっちこっちって、案内してるみたい」

タイガが言うと、

「山のガイドさんになってくれているんだよ、きっと」

シホはうれしそうにうなずきました。

「え？　鳥がガイドするなんて……」

信じられない思いで、カズがカメラをとりだして、キセキレイをカシャッ。

「さあ、この山道をのぼっていくよ」

子ども会の世話役の人が声をかけてきました。

シホたちも団地の人たちといっしょに、キセキレイの行く方向に山道をのぼっていきます。

ツピッツピッツピッツ……

キセキレイとはちがう位置から声が聞こえました。

「もう１羽キセキレイが来たのかな？」

カズが声のほうを見上げると、シホが

ツピッツピッツピッツピー

と鳴きまねを？

いえ、ちがいます。首にかけていた木製の小鳥型のネックレスを手にとって、その頭と胴をくるくるっと回して音を出しています。

「え？　なにそれ？」

カズとタイガがびっくりして聞くと、

「バードコールっていってね、こうして回すと、鳥の鳴きまねができるんだよ」

にっこりわらって、シホがもう一度、くるくるっと回すと……。

ツピッツピッツピッツ

カサコソッと、枝がゆれて、頭が黒くてほっぺたが白い小鳥が顔を出しました。

「えーっと……、シジュウカラ？」

カズはまた、図鑑の鳥を思いだして言いました。

ツピッツピッツピッツピ

シジュウカラが、鳴きます。

　シホが、答えるように、バードコールを回して、

　ツピッツピッツピッツピッツ

「すごい、おしゃべりしているみたい！」

　タイガが目をかがやかせました。

「この鳥は、おしゃべりが得意なのよ」

　シホがそう言うけど、カズは信じられません。

「鳥が言葉を話すわけないじゃん」

　ツピッツピッツピッツピ

　ツピッツピッツピッツピー

　シホがバードコールで鳴きまねをするたびに、シジュウカラは返してきます。

　このシジュウカラだけではありません。あっちこっちの葉かげからも、いろいろな鳥たちの声が聞こえてきます。

　まるで森じゅうの鳥たちが、おしゃべりを返してくれているみたいです。

「うそだろ」

カズはこんなに近くで鳥を見たり、鳴き声を聞いたりしたことはなかったし、鳥の声にちがいがあるなんて気にもかけていませんでした。

なにより、シホがバードコールを通して鳥と本当に会話しているみたいで、びっくりです。

「すげー！」

タイガが感激したとき、とつぜん、

ジャージャー……

へんな鳴き声が聞こえました。

とたんに、シジュウカラだけではなく、ほかの鳥もいっせいにとびたったようで、そこらじゅうの木がカサカサカサカサッとゆれました。

（なにがあったんだろう？）

カズは不思議な思いで、木々を見上げました。

少しのぼっていくと、山道のわきに、てんてんと真っ白い花が咲いていました。

「こんな寒いときに、咲く花ってなんだろう？」

カズたちが近づいていくと、白く見えたのは、こおっている植物？

「あ、氷の花さんたちだ」

シホが、しゃがみこみました。

「氷の花？」

カズに聞かれて、シホが答えます。

「うん、冬になると、いつもここにこうして氷の花を咲かせるんだよ」

「どうして、こんな花が咲くんだろう？」

カズは首をかしげながら、カメラで写真をとっています。

こんな花、本や教科書でも見たことがありませんでした。

「ほら、見て、この氷の花なんて、バレリーナがおどっているみたいでしょう」

シホは、真っ白いドレスをまとったような花を指さして、うっとり。

さらに少しのぼっていくと、わき水が流れていました。

岩からしみでたところに小さな池ができています。

「ヤッホー！　今年もいるいる！」

シホがうれしそうに池を見て声をあげたので、カズもタイガものぞいてみると……。

なんと、小さなオタマジャクシたちがちょろちょろと泳いでいます。
「ありえない。オタマジャクシは、春に卵からかえるんだ。こんな寒いときに、**なんで？**」
どう考えても、カズは不思議でしかたありません。
「冷てっ」
わき水をさわってみたタイガが言いました。
カズもさわってみると、たしかに、ひやっとしました。
「きれいな水で居心地がいいから、オタマジャクシたちは、まだおとなになりたくないんじゃない？」
にこにことオタマジャクシをながめながら、シホは言いました。
「そんなわけないじゃん。……、だけど、シホってよくこういう自然の不思議なところを見てるんだね。すごいなあ」

「あたしじゃなくて、自然がすごいんだよ」

　さらりと言うシホってやっぱりすごいな、とカズは感心しながら、空になったペットボトルを出してきて、わき水を採取しました。

（それにしても、不思議すぎる）

　カシャッ

　カズは、オタマジャクシの池を写真におさめました。

小高い山をおりていくと、河原がつづいています。

「じゃあ、ここで、お昼にしようね」

子ども会のおとなたちが、シートをしいたり、なべを出してきて、昼食の準備をはじめています。

「みんな、乾いた小枝を見つけてきて」

とん汁をつくるために、火をおこすのです。

「おもしろいかたちの石を見つけたよ」

いつのまにか、タイガが小枝のほかに、たくさんの石をひろってきました。

おにぎりのかたちの石や、きれいなみどり色の石、いろいろなかたちの石があります。

「ね、見て。これ、まるで豚の角煮みたいでしょ」

タイガは、角ばった赤茶色の石を見せてきました。

たしかに、おいしそうな石です。

「あとね、これ、なんだろう？　不思議なもようがあるんだ」

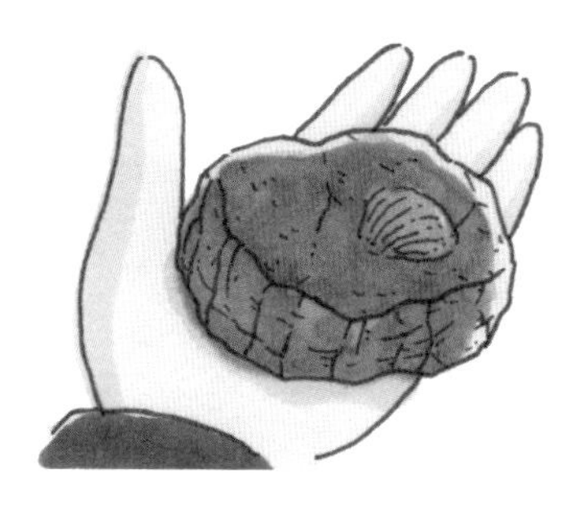

　カズとシホに見せてきた石には、貝がらのもようのようなものがあります。

「もしかして、これって化石かも」

　手にとってカズが、声をあげました。

「すごい発見かも！　タイガってすごいなあ」

　カズが言うと、タイガはううん、と首をふりました。

「すごくなんてないよ。ぼく、なに見てもわからなくて不思議だなあ、なんだろう？　って思っちゃうんだ。だから、まわりにあるあれもこれも、どんどん目に入ってきちゃうんだよ」

　タイガは、「わからないことだらけ」と言って、てへっと笑いました。

　カズはふと、三人でよく遊んでいた幼稚園のころを思いだしました。

あのころ、雑木林や道ばたで、いろいろなものを見つけては、「なんだろう？」って三人で話していたものです。

（おれ、いつのまにか、不思議だなって気持ちをわすれていたみたい）

「もう一か所、たき火をする火をおこそう」

おとなの人が言ったとき、

「この角煮みたいな石を使えば火をおこせるよ」

タイガが、さっきひろってきた石をとりだしました。

「え？　これで？」

「うん、ぼく、キャンプで何回も火をおこしてみたよ」

びっくりしているみんなの前で、ひろってきた木の皮をさいていきました。

「なにがはじまるの？」

みんながまわりに集まってきました。

タイガは、まるでさきいかみたいにさかれた木の皮をさらにもんで、やわらかくふわふわにしていきます。

だれもが興味しんしんで、タイガの手元を見つめています。

カズも、写真をとるのも忘れてタイガの様子を夢中で見ています。

今度は、タイガはリュックから、布切れを出してきました。

こげたように真っ黒になっています。

「これはね、木綿の布を炭にしたものなんだ」

（炭になった布なんて、いったい、なにに使うんだ？）

カズが、首をかしげたとき、

「さてと」

タイガは、またリュック

から細長い金属の板みたいなものをとりだしました。

カチンッ　カチンッ

豚の角煮みたいと言った石の角に、その金板をぶつけます。

火花が飛びちりました！

何度かくり返していくうちに、飛びちった小さな火花の一つが炭になった布にふれました。

すると、黒い布の一部がほんのりと赤くなっていきます。炭の布に火がうつったのです。タイガはそれを、やわらかく繊維状にした木の皮でつつみます。

「火の赤ちゃんを、ふわふわのベッドに寝かせてあげてるんだね！」

シホが感激して、声をあげました。

タイガが「フーッ」と息をふきかけました。

白いけむりがあがります。

フーッ、……フーッ

息をふきかけるたびに、どんどんけむりは濃くなっていき……。

とつぜん、ぽっと、炎があがりました！

「わあー」

タイガが、枯れた杉の葉っぱを近づけると、パチパチパチッと火は燃えあがりました。

そこに枯れ枝をくべていくと、さらにたき火は大きくなっていきます。

まわりをかこんで、拍手がまきおこりました。

「すげー、すげー、すげー」

カズも大きな拍手をおくりました。

帰る時間。カズがぱんぱんのリュックを背負って、ハァハァ言っています。

「カズ、どうした？」

タイガとシホがかけよって聞くと、

「リュックが重くて、歩けねーよ」

「なんで？」

　二人がリュックをあけてみると、採取した水や葉っぱやら、石やら、さびた缶やガラスビン、古そうなモーターみたいなものまで入っています。

「いつの時代の缶やビンかな？　この石はなにでできているのかな？　どれもこれも不思議だらけ。知りたいんだ。だから持って帰って、調べてみるよ。ここには不思議がいっぱいつまっているからさ」

　いっきにしゃべったあと、カズはなんだかてれくさくなって、ほっぺたが赤くなっていくようです。

「カズ、やっぱ、すげーよ。いつもカズはちゃんと知ろうとする。とことん調べようとするんだもん」

　タイガが言うと、シホも大きくうなずきました。
「ほんと、カズって、幼稚園のころからそうだったよねー。だから、頭いいのかな？」
「幼稚園から？　そうだっけ？」
　カズはそのころからとことん調べようとしたかどうかは、わすれていました。でも、たしかに「なんでだろう？」って思うたびに、楽しかった記憶があります。
「知らないことに出会うと、わくわくするよね！」
「うん、わくわくするね！」
　そう言いながら、タイガとシホは、カズのリュックの拾いものを手分けして、自分たちのリュックに入れました。
　三人のリュックがならんで、山道をおりていきます。
（知っていることはえらくない。知らないことはこわくない。知らないことにたくさん会って、もっ

ともっとわくわくしたい）

ツピッツツピッピ

カズの頭上で、鳥の鳴き声が聞こえます。

カズは、木を見上げました。

ピュピピッ

小さく、口笛をふいてみました。

イモムシくんへ

きょうね、子ども会でさとやま村に行ったんだよ。
ことりたちや、氷の花やオタマジャクシにも会えたよ！
イモムシくんにも会わせたかったなあ。
いちばん会わせたかったのは、「火の赤ちゃん」だよ。
タイガがね、なんと火をおこして、火の赤ちゃんを
寝かせて、育てていくとね、大きなたき火になって
いったんだよ！
カズもあたしも、大感激しちゃった。
あとね、カズったら、「知らないこと、知りたいん
だ」って言ってね、いろいろなものをひろって持っ
て帰ったんだよ。
知らないことに会うと、わくわくするよね。
きょうもいっぱいわくわくしたよ！
ねえ、イモムシくん。オタマジャクシたちの中で、
ツチノコになる子っている？

シホより

世界は学びにあふれている

シホはただただ五感を使って自然を受けとめています。だから、ほかの人より自然の本当の姿を知っているのです。そして自分自身の想像力で世界を理解しようとしています。これもとても大切なことです。

シホはキセキレイを「山のガイドさん」と呼びましたが、実際山で出会うと、まるで道案内をするように、進行方向へと少し飛んだかと思うと、道の上で止まり、人が追いつくのを待っているようにも見えます。なぜこの鳥は、そんなふうにふるまうのでしょう？　セキレイの暮らしを観察できたら、その理由が想像できるかもしれません。

シジュウカラは身近にいるおしゃべりな鳥。シホが持っていたバードコール（鳥の鳴き声に似た音を出せる道具）にもよく反応し、冬のあいだはヤマガラやコガラなど同じカラ類といっしょに群れになります。じつは鈴木俊貴さんという研究者が、シジュウカラが単語や文章をあやつっておたがいにしゃべっていることを明らかにしています。

氷の花は、冬枯れした、カメバヒキオコシやシモバシラといったシソ科の多年草の根元にできます。氷の花ができる仕組みはインターネットで検索すれば、すぐに見つかるでしょう。この本を読む前だったら、そこに書かれている説明で納得するかもしれません。でも、いまなら、きっと読めば読むほど、次々に「なぜ？」がわきあがってくるはず。そして何よりほんものの氷の花が見たくなるはずです。東京近郊だと、高尾山や陣馬山、御岳山、檜原村の山々などで見ることができます。

冬の湧水池に泳いでいたのはモリアオガエルのオタマジャクシでした。モリアオガエルは４月～７月ごろに水辺に集まって産卵します。オタマジャクシはひと月ほどでカエルになり、森の中で冬眠するのです。冬の池にモリアオガエルのオタマジャクシがいるのは不思議です。

でもいくら知識が豊富なカズが「ありえない」と言っても、実際に、真冬の時期、彼らの目の前にオタマジャクシがいる以上、それが真実です。実際に観察することは、どんな知識よりゆるぎなくたしかなものなのです。もし夏はとても冷たく、冬でも凍らない湧き水の池を見つけたら、そんなオタマジャクシに出会えるかもしれません。

タイガが火をつけるのに使った肉みたいな石は大昔に深海の底にたまった微生物の殻がかたまってできた、とてもかたい石。かたい石に鋼を打ちつけると火花が出るのは「なぜ？」なんでしょうね。じつは、わたしのまわりにはタイガのように火をおこせる小学生がいっぱいいます。ぜひキミも挑戦してみてください。

さて、わたしに氷の花や冬のオタマジャクシを見せてくれたのは、高尾山や御岳山で自然ガイドをしている宮田浩さんです。彼との縁が、わたしの世界をひろげてくれました。わたしたちは、地球の自然に包まれ、人とつながって生きています。それがキミの「世界」です。勉強は机の上でするもの、と思っているかもしれませんが、世界に一歩、足をふみだしてみれば、わくわくするような本当の学びがひろがっているのです。

（ツッチーこと土屋 敦）

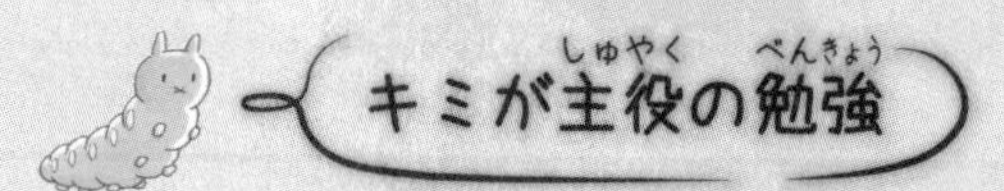

キミが主役の勉強

- 「なぜ？」「どうして？」と問いをもちつづけるとモヤモヤするし、居心地が悪い。モヤモヤしたり、居心地が悪くても、「なぜ？」を簡単に解決しようとせずに、問いをもちつづける
- 「なぜ？」がいっぱいつまったリュックを背負って人生を歩いていこう

エピローグ　イモムシくんはどこへ？

通学路のはしっこに、タンポポやシロツメクサが顔を出しています。もうすぐ、5年生もおしまいです。

放課後、三人で帰る道。

「イモムシくん、いったいどこに行っちゃったんだろう……」

シホが長いため息をつきました。

今朝学校に来てみたら、飼育ケースからイモムシくんが消えていました。にげだしてしまったようです。

シホは落ちこんでしまって、元気がありません。

カズもタイガも、シホが気落ちしていることに気がついて、なんだかそわそわしています。

ひょいと自分の影を見たタイガが、声をあげました。

「あ、ぼくの足、すごく長くなってる！」

タイガの大きな声に、横を歩いていたシホが顔をあげました。

「あ、ほんとだ。あたしの足もモデルみたい」

二人の前を歩いていたカズがふり返りました。

「そうかなあ。おれには、短くなったように見えるけど」

カズの言うことが耳に入らない二人は、横に行ったりうしろにさがったりして、「長い、長い！」と、はしゃぎはじめました。

「同じ影を見ているのに、**どうして**シホやタイガには影の足が長く見えて、おれには短く見えるんだろう？」

カズがつぶやきながら、首をかしげました。

「影って切りはなせるのかな？」

タイガがとつぜん、走りだしました。

カズのまわりをぐるぐるしながら、自分の影からにげるようにしています。

「ええ、切りはなすって、どうやって？」

シホもまねして、小走りになったり、とつぜんとまったり。

すっかり明るい顔がもどってきました。

「そもそも足と胴体の比率は変わらないはずなのに、**どうして**、影ではその割合がかわるんだろう？」

カズは空を見上げました。

学校のある西の空が赤くそまってきました。

「不思議だ。なんでだろう？」

　カズは首をひねりつづけます。

「ぼくの影、どこまでもついてくるぞー」

「切りはなしたーい」

　棒立ちになったカズをとりかこむように、タイガとシホは影と追いかけっこをしたり、片足をあげたり……。

　ジャンプしたタイガが、さけびました。

「わっ、一瞬、切りはなせた！」

「ほんとだ！」

　シホもぴょんぴょんとびます。

「やったー！」

　二人は、ジャンプすることに夢中です。

「あ、塾の時間に遅れちゃう」

　カズは、タイガとシホにバイバイをして、急ぎます。

「だけど、なんでだろう？」

早足になりながらも、カズはずっと考えていました。

柿の葉っぱの紅葉のような空には、まるっこくて、しっぽがぴゅいっとのびた雲がゆうゆうと流れていきます。まるでシホが会いたいなと思っているツチノコのようです。

おや、そのあとを、くねくねと小さな雲が追いかけていきますよ。

『キミが主役の勉強』
読めばさらに勉強が楽しくなる!?
もっと知りたい人のための放課後教室

井本陽久(イモニイ)

栄光学園中学校・高等学校を卒業後、東京大学工学部に進学。卒業後、母校である栄光学園の数学教師となり、カリスマ数学教師と呼ばれる。2016年より、いもいも主宰。その生き方と活動は、おおたとしまさ著『いま、ここで輝く。』(エッセンシャル出版社)やNHK総合『プロフェッショナル 仕事の流儀』(2020年1月放映)でも紹介されている。

土屋 敦(ツッチー)

栄光学園中学校・高等学校を卒業後、慶應義塾大学経済学部へ進学。講談社に入社し、週刊誌編集部で編集者となる。その後主夫となり、料理研究家、フリーランスの編集者、書評家としての活動を経て合同会社いもいも代表。新聞や雑誌などへの書評や文庫解説を執筆するほか、料理本の著書多数。いもいもでは主に野外活動の教室を担当する。

いもいも教室

「自分で考えることがどんどん楽しくなる!」というコンセプトのもと、小中学生の思考力向上のための多くのユニークなプログラムを首都圏を中心に展開。「自分の考え方で考える」「自分のやり方でやる」を大切にした授業をおこなっている。

https://imoimo.jp

どんな小学生でしたか？

イモニイ

この本のタイガのような子。色々なことに興味があり多動ぎみでした。小学校ではよくやらかして親とあやまりにいくのが日課で。学校ではなかなか座っていられない子でしたね。

ツッチー

ぼくは一人で夢中になってアリの巣をずっと見ているような子でした。

上ばき袋などをぶんぶんふり回すのが楽しくて。

同じです。ふり回して人に当ててしまったり。

そうそう。それであやまりに行ったり。

どろだんご作りも好きで一日中作っていました。

そこも同じ。どこの砂がいいか色々なところからかき集めたりしていました。

小学生のころはよく勉強をしていましたか？

親から「勉強しなさい」と言われたことはなかったです。

うちも同じで勉強については一切言われなかった。

親に勉強でもなんでも「やっていい？」と聞いたことはありませんでした。そのことを大人になるまで自覚していなかったけれど、**いつも自分で考えて行動していました**。人が言っているからこう思う、ということもなかったです。

ぼくはなんに関しても「なんで？」と聞く子で。

母親もだんだん面倒になったのか「自分で考えなさい！」と言うようになり、自分で答えを探すために本を読みました。今みたいにインターネットですぐに調べられませんでしたし。

イモニイ

ぼくはそこは反対で本は全然読みませんでした。いつも遊んでいた友達が５年生から塾に行くようになり、同じ個人塾に通うようになりました。大好きだった野球の日と塾の日が重なるから親には「行かないよね？」と聞かれましたが、なぜか「行く！」と答えていて。塾に行くとテストで順位がついて、５位以内に入るとサクラのシールが貼られるのが楽しくて。エネルギーがはみだしている子だったけれど、そのエネルギーが勉強に向かうようになり不思議と問題行動もへりました。

ツッチー

ぼくは小学６年生の５月に大手の集団塾に通い始めましたが、そこではみんなが順位を気にしていて。解き方のパターンを教えこまれるのも合わなくてイヤですぐにやめてしまいました。そこから別の個人塾にうつり、先生が自分のやり方を認めてくれて。解き方を見いだすというよりは学ぶおもしろさを教えてもらいました。

子どものころはどんなふうに勉強していましたか？

計画的に勉強するとか考えたことがない。

解くのが楽しい、というだけ。遊びといっしょの感覚だったのかもしれません。

勉強のやり方も自分で考えていました。おばあちゃんに塾のテキストを渡して「ここから問題出して」と言って。おばあちゃんはカリキュラムとか全然わかってないから適当に出す 笑 今もそうだけれど、効率的なやり方というものは考えたことがない。

小学生のときは毎日海に入ったりしていました。海の水の冷たさや潮の流れをからだで感じていた。あとはカマキリを家で放し飼いにしたり。**学ぼうとせず学んでいたというかんじです。**

5年生のときに初めて問題をつくりました。図形の問題でしたが、塾の先生に出してみたら想定していた答えと異なる答えで。あれ？ と。要するに、長さをあたえる必要がない辺に、実際とはちがう長さをあたえてしまったために起こった「想定外」でした。衝撃と感動を覚えました。問題作りをそれからずっとやっています。

ぼくは料理のレシピを作っていましたね。

「算数が好き」という自覚は中学2年生のとき。その日に授業でやった問題を家で3回解く、100点取ったら合格、というマイルールを作って。中学1年生の最後のテストで100点を取ったときに「数学、好き！」となった。でも**学びの原点は小学**

生のころだと思います。

＿＿＿＿**物語の中にも書かれている「自分なりの問いをもつ」ということについて教えてください。**

イモニイ

勉強になったとたんに「なんで？」「どうして？」「本当に？」といった問いをもたなくなってしまいます。まちがえてもびっくりしなくなってしまう。それは習ったやり方でまちがえてもびっくりしないから。自分のやり方でまちがえるからおどろける。

ツッチー

理科で「光合成」を習ったときに光合成とはこういうものだ、と説明されても納得できないはず。デンプンを作りだすってどういうこと？　糖をためるってどういうこと？　光合成という説明を聞いて「わかった」でおわってほしくないですね。

「本当に？」「なんで？」というおどろきはもっていてほしい。偶然とは思えない、なにかあるにちがいない、そんな発見が失われてしまうのはもったいない。正解と〇だけでは学べません。

ぼくはずっと世の中の現象に興味がありました。どうしてこうなるのか、今自分が見ている世界は本当に自分が見たままなのか、とか。理科で習うだけでは納得ができなくて、モミジは赤くなるって本当かなとか。

ぼくはあまり世の中で起きていることに興味がなかったけれど、人の生き死にや神の存在など観念的なことは気になって色々と調べました。そうやって自分で問いをもって考えたことが血肉になると思います。

親に「勉強しなさい！」と言われている小学生にアドバイスはありますか？

「勉強しなさい」と言っていいことはないと多分親もわかっている。けど言ってしまう。それは不安だから。

自分は親に言われたことはなかったけれど、親になって言ったことはあります 笑

将来が不確実である、という当たり前のことを親が受け入れることができず、その不安に子どもをつきあわせるかたちになっている。

親も言うのをやめられない。そういうものだと思って、聞き流せばいい。親は不安でも、キミ自身は絶対大丈夫。親の不安につきあわなくても大丈夫。

言われてやった勉強に意味がないのはたしかです。栄光学園の教え子が中学1年のとき、「勉強はかたちに残らなくても、考えること自体でもう自分のためになる」と言っていました。逆に言えば、学ぼうとした時点で学びではなくなるんです。**いわゆる頭のいい子、成績のいい子も「勉強しなさい」と言われてする勉強は苦しい。楽しいのは自分の頭で考えて、自分で問いをもち、自分のやり方でやること。それはどの子も同じです。**

――テストと成績にはどう向き合ったらいいでしょうか？

イモニイ　よくてもオッケー、悪くてもオッケーという気持ちでいいのではないでしょうか。

ツッチー　テストは評価。授業をちゃんと聞いていたかをたしかめるものでもあります。でも、本来はなくてもいいものかもしれません。

テストでいい点がとれたらうれしい、でも悪くても気にしないぐらいがいちばん。

テストの評価は、「キミという人間」とは関係がない。この本に出てくるタイガ、シホ、カズにそれぞれ魅力があるように、それはテストでははかれないものです。

点数で評価されても幸せではない。点数では評価されない子が不幸せというわけではない。自分で問いをもつことができている子は、自分がもっている考え方をつきとおせばいいと思います。

まるごとのその子の人格とテストの点は関係ない。カズは小さいころから色々調べて知っているから、たまたま成績もよかったかもしれない。でも、そこだけがカズの魅力ではないはずです。

――タイトルである『キミが主役の勉強』にこめられた意味を教えてください。

勉強以外のことでなにか問題が起こったときは、それぞれの個性や力を活かしながら問題を解決しようとします。でも、勉強に関してはそれが求められていません。

同じやり方でやりなさいと言われてしまう。それぞれもっているものがちがうのに。

問題を解決するためには、自分がもっているものでなんとかしないといけない。勉強も同じで、習った回路ではなく自分の回路でやる。自分のやり方でやるのがいいと思います。

自分には能力がないと思うこともあるかもしれないけれど、欠けている部分こそが大切。そこにある余白は、その子にしかないかけがえのないものです。

個性とは欠けていることがあるというところ。一様に同じやり方でやるという「学び」は自分をよりどころとしていません。**その子がどう解くのか、というところに自分が現れる。だから『キミが主役の勉強』です。**

今、この瞬間を楽しんでほしいと思います。今すぐに、結果を出さなくていい。

できなくていいから自分のやり方、考え方をつき通してみる。遠回りすることになるけれど、それでいい。**問いをもち続ける。正しいことを疑い続けること、それこそが『キミが主役の勉強』につながります。**

読んで頭がモヤモヤしている人のための解説

おおたとしまさ

教育ジャーナリスト。幼稚園から学校、塾までさまざまな教育の現場を取材して、雑誌やインターネットの記事や本を執筆。新聞やテレビ、ラジオなどにも多数出演している。本書の監修者である井本陽久を取材した書籍に『いま、ここで輝く。』（エッセンシャル出版社）がある。『勇者たちの中学受験』（大和書房）など著作は70冊以上。

不思議を見つけると自然に体が動いてしまうタイガ、想像力豊かなシホ、塾の成績が気になってしょうがないカズの仲良し３人組の物語。いかがでしたか？

この本のなかで、３人はたくさんの「なんで？」を見つけました。そしてそのほとんどは、この本のなかでは、答えがわからないままです。なんでだと思います？　次の３つのなかから選んでみてください。

(1)　本を書いているひとも答えを知らないから

(2)　読者のみんなに自分で考えてほしいから

(3)　答えなんてどうでもいいから

３つとも当たっていると思います。

大人はなんでも知っているとみなさんは思っているかもしれませんが、とんでもありません。大人だって、世の中のことをほとんどなんにもわかってないのです。たとえば、宇宙人がいるかどうかだって誰も知りませんし、そもそも自分たちがなぜ地球という小さな惑星に誕生したのかだってわかっていません。

（知ってることはえらくない。知らないことはこわくない。知らないことにたくさん会って、もっともっとわくわくしたい）

物語のおわりのほうで、カズの、そんな心のつぶやきが聞こえてきましたよね。それなのに、知らないことを知っているかのように言う大人は、すでに化石です。そのままの状態で、ずっと変わらないってことです。つまり、ほんとには生きていないってことです。

おせっかいな化石人間に「たくさん知識を身につけなさい」とか「いまのうちにこんなことを勉強しておいたほうがいいぞ」なんてアドバイスされても、「いや、あなたみたいにはなりたくないんで」って、てきとうに受け流しておけばいいと思います。

では、みなさんが自分で考え続ければ、答えは見つかるのでしょうか。それもまた難しいのだと思います。

たとえば、紅葉する葉っぱの色がそれぞれちがうのはなぜか。カズは塾の教科書やノートを引っぱりだしてきて調べます。光合成だとかアントシアニンだとか難しい言葉が出てきますけど、実際にはなぜそれで葉っぱが赤くなったり、黄色くなったりするのか、十分には説明できません。

では、どうせ答えがわからないのだとしたら、考えるだけむだでしょうか？　そんなことはありません。

物語のはじめのほうでカズは、「あたりまえじゃん」を連発して、すでに知っていることを言うだけで、自分の頭で考えようとしていませんでした。でも、タイガとシホと実際に自分の手を動かして多面体や展開図をつくってみる経験を通して、知らないことやまちがえることは決して悪いことではなくて、むしろ、わくわくするチャンスなんだと気づきます。

自分よりも先にタイガが答えを見つけてしまっても、カズは悪い気がしませんでした。答えを見つける達成感よりも、答えにたどりつこうとして時間を忘れるほどに夢中になる経験そのものが楽しかったからです。そこにわくわくできるかどうかが、化石人間かそうでないかのちがいです。

答えにたどりつく時間をできるだけ短くする勉強を塾でやりすぎて、カズもあやうく化石人間になりかけていました。でも、タイガとシホとたくさんの「なんで？」に出会って、答えにたどりつく途中にこそわくわくがあることを思い出しました。

タイガとシホの記憶によれば、カズだって、幼稚園生のころは「なんで？」と思ったことをとことん調べようとする子どもだったんです。もともとそういう感覚をもっていたのに、いつのまにか忘れていただけでした。

答えにたどりつけるかどうか、あるいは答えがあるのかどうかすら、実はどうでもいいことなんです。答えがあるのかどうかすらわからない問いをたくさんもっているということは、たくさんのわくわくをもっているということです。**わくわくしている限り、人間は化石にはなりません。問いは宝物です。**

問いは、「えっ、なんで!?」という形で自分のなかに芽生えます。人生をわくわくに満ちたものにしてくれる宝物は、実は自分のなかに無限にあります。その宝物の輝きに気づき、自分なりの方法で磨き続けることを、この本では**「学び」**と呼んでいます。みなさんがもう少し大きくなると、問いは「痛み」や「傷」という形で現れることもあるのですけど、いまはそれはわからなくていいです。そのうちきっとわかります。

夕暮れの帰り道にできた自分たちの影を見て、タイガとシホは、自分たちの足が長く見えると言います。でも、二人の影を反対側から見ているカズは、「おれには、短くなったように見えるけど」とつぶやきます。どちらが正しいのでしょうか？

どちらも正しいのです。見る位置がちがうと、見え方も変わります。どんなものでもそうです。意見のちがいの原因は、たいていの場合、見る位置がちがうからです。そんなことも頭の片隅に覚えておくと、いつか役に立つ日が来るはずです。

さて、ここまで、おさらいのつもりでこの本に書かれている内容を、わたしなりの言葉に置きかえて解説してきましたけど、いちばん大事なことを述べていませんでした。

それは、この本はだいぶ危険な本だってことです。

だってこの本を読むと、知識を教えてくれる学校や塾の勉強なんてしなくていい、いや、しないほうがいいと思えてきちゃいますよね。そこのところ、みなさんはどう思います？　学校や塾の勉強はしないほうがいいですかね？

「過ぎたるはなお及ばざるがごとし」という慣用句があります。何事もやりすぎはダメだということです。勉強も同じです。

わたしよりももっと年上の昔のひとたちはよく「勉強しすぎるとバカになるぞ」と言ったものです。勉強の仕方をまちがえると、教科書に書いてある知識を覚えるだけで手一杯になってしまって、自分のなかに生まれる問いを無視するようになってしまうんです。問いは宝でしたよね。宝物に気づけなくなっちゃうんです。それがもったいないと、昔のひともこの本も、口をそろえて言っているのだと思います。たぶん。

では宝物を無駄にしないで勉強を続けるにはどうしたらいいか。こんなふうに考えてみたらどうでしょう。

さきほど光合成やアントシアニンなどという難しい言葉が、カズの塾の教科書に出てくるという話をしました。教科書には、光合成やアントシアニンの説明が、たった数行で書かれています。でも実際には、昔の科学者たちが、光合成のしくみやアントシアニンという物質の働きを解明するのに、何十年、場合によっては何百年という時間がかかっています。

教科書は、人類のそうした経験をまるでフリーズドライの食品のように、ぎゅっと凝縮したものです。教科書をただ読んでもおもしろく感じられないのは当然なんです。だって、フリーズドライの食品をそのまま食べてもおいしくないでしょう。だから、先生がいるんです。

こんな言い方をすると先生に怒られそうですが、先生はお湯です。フリーズドライの食品にお湯をかけるとみずみずしさがもどるように、先生が教科書にみずみずしさを与えてくれます。光合成やアントシアニンを発見した科学者たちが感じていたわくわくを、少しでもみなさんにも感じてもらうようにするのが先生たちの役割です。

人類が経験したわくわくをぎゅーっと凝縮して、おいしいところばかりを味わえるようにしたのが、本来の学校での学びです。そして本来、塾は、学校だけでは物足りないというひとが通うところです。

でも、本当に申し訳ないんですけれど、そういう大切なことを、大人たちが忘れてしまっているんです。それで、学校や塾の勉強がつまらないものになってしまいがちなのが現実です。勉強がつまんないと感じるのはみなさんのやる気がないからとかではないんです。

そんな現実のなかで、みなさんには何ができるでしょう？

1つには、いいお湯の役割をしてくれる先生を見つけることです。まあ、学校の先生はほとんど選べないんですけど。もう1つは、つまらない勉強を押しつけてくる大人は化石人間なんだと思って、話半分に聞いておくことです。そして、身の回りにある「なんで？」を楽しみましょう。

言われたことをぜんぶやらなきゃいけないと思うと、学校はしんどい場所ですけれど、話半分に聞いてうまくやっとけばいいやと思えるなら、学校はそれほど悪い場所でもありません。いろんな友達や先生がいるし、本来は、人類のわくわくがつまった玉手箱ですから。

で、賢いみなさんは、もうお気づきですよね。ここで大きな大きな壁が立ちはだかることに。そう、親の存在です。

いくら自分がわくわく学び続けようとしても、親がテストの点数ばかり気にしていたら、いつも小言を言われることになります。どこのおうちでも、多かれ少なかれ起きていることだと思います。

ここでみなさんは、なぜ親は小言ばかり言うのか？　という問いに向き合うことになります。なぜだと思いますか？

もうページ数も残り少ないのでヒントだけ言っちゃいます。

不安です。

親は自分の不安な気持ちを吐きだすために小言を言っているのです。親という生き物がなんで不安になるのかは、自分で考えてみてください。

いずれにしても、親が自分のなかにある不安に対処するのは親自身の責任です。その責任を子どもであるあなたが引き受ける必要はありません。

それに、不安だって問いの一種です。つまり親が親であるがゆえに得ることができた宝物です。だから、自分が親を不安にしていることに、過度に責任を感じる必要もありません。

あんまりにも小言が多い場合には、自分のために心配してくれている気持ちはありがたく受けとめながら、言っている内容についてはこれまた話半分で聞き流しておきましょう。みなさんも将来、大人になれば親の気持ちがわかります。そのときに、実感をもって「ありがとう」を伝えれば、きっとぜんぶゆるしてもらえますから、大丈夫です。

仮に親が多少わからず屋でも、化石人間になっていない大人が身の回りに一人でもいると、その存在がみなさんの人生において、きっと大きな支えになるはずです。たとえば、この本の最後に出てくるイモニイやツッチーみたいなひとたちのことです。みなさんの身近にも誰かいないか、よく探してみてください。

【監修】井本陽久（いもと　はるひさ）
栄光学園中学校・高等学校を卒業後、東京大学工学部に進学。卒業後、母校である栄光学園の数学教師となり、カリスマ数学教師と呼ばれる。2016年より、いもいも主宰。

土屋 敦（つちや　あつし）
栄光学園中学校・高等学校を卒業後、慶應義塾大学経済学部へ進学。講談社編集部を経て主夫。その後料理研究家、フリーランスの編集者、書評家として活動。合同会社いもいも代表。

【著者】光丘真理（みつおか　まり）
児童文学作家。作品に『赤毛証明』（くもん出版）、『ながればしのランドセル』（フレーベル館）など。

【画】コマツシンヤ
【解説】おおたとしまさ

■校正／K-clip（熊谷真弓・花井佳用子）
■装丁デザイン／tobufune

書籍のアンケートにご協力ください

ご回答いただいた方から抽選で**プレゼント**をお送りします！

Z会の「個人情報の取り扱いについて」はZ会 Webサイト(https://www.zkai.co.jp/policy/)に掲載しておりますのでご覧ください。

99%の小学生は気づいていない!?
キミが主役の勉強

初版第1刷発行・・・2023年7月10日

監修者・・・井本陽久・土屋 敦
著　者・・・光丘真理
画　・・・コマツシンヤ
解　説・・・おおたとしまさ
発行人・・・藤井孝昭
発　行・・・Z会　〒411－0033　静岡県三島市文教町1－9－11
【販売部門：書籍の乱丁・落丁・返品・交換・注文】TEL 055-976-9095
【書籍の内容に関するお問い合わせ】https://www.zkai.co.jp/books/contact/
【ホームページ】https://www.zkai.co.jp/books/
印刷・製本・・・日経印刷株式会社
DTP組版・・・株式会社 ムレコミュニケーションズ

©Z会 2023　★無断で複写・複製することを禁じます。定価はカバーに表示してあります。
乱丁・落丁はお取り替えいたします。

ISBN978-4-86290-414-0　C8376　NDC913　120p.　21cm